# LETTRE

## AU

## LORD DUC WELLINGTON.

# LETTRE

AU

## LORD DUC WELLINGTON,

SUR

L'ÉVÈNEMENT DU 10 AU 11 FÉVRIER;

PAR L'AUTEUR DE *LA COALITION ET LA FRANCE.*

# A PARIS,

Chez PLANCHER, Éditeur du Manuel des Braves;
Rue Poupée, n⁰. 7.

13 FÉVRIER 1818.

## A SA GRACE

# LORD DUC WELLINGTON.

———

Mylord,

Ne vous étonnez pas d'avoir à me lire : c'est toujours au nom de ma patrie que je parle. Interprète, plus d'une fois, de ses vœux, j'accomplirai aujourd'hui la noble tâche d'exprimer ses regrets.

Vous avez pu croire dirigé contre vous un grand attentat ; et tous les cœurs français se sont serrés ; tous déplorent un crime dont l'Europe saura que la nation n'est pas complice ; tous espèrent encore que des alarmes précipitées ont trouvé un assassinat là où peut-être nous n'aurons à voir qu'une hostilité perfide.

Les faits, prompts à justifier notre attente, démontrent que l'intention n'était pas homicide, puisque le choix du moment, des moyens et du lieu ne laissaient pas une chance au succès du crime, et qu'il n'est pas d'heure où le fer d'un assassin ne pût, à peu près sans péril, arriver jusqu'à vous.

Qu'a-t-on voulu ? jeter l'alarme ; et certains dès lors de la nature du crime, nous nous mettrons sans peine sur les traces du coupable. Cherchons-le parmi les ennemis de la France, parmi des hommes qui auraient voulu justifier d'odieux outrages, réveiller des haines formidables, armer de grandes vengeances, retarder le jour où la monarchie, rendue à ses royales destinées, ne verra plus flotter sur son territoire affranchi que le drapeau, redevenu national, de Bouvines et de Fontenoy.

Vains efforts ! l'opinion européenne ne pourra pas se méprendre, et si elle croit à l'existence du crime, elle en cherchera le mobile parmi les intérêts dont l'ordre politique se compose.

Or, le premier vœu du peuple français est de rentrer en possession de tous ses droits ; son premier besoin est de soustraire son existence nationale à l'action toujours présente d'une suprématie étrangère qui a détruit ses forces matérielles par toutes les misères d'un épuisement successif, et ses forces-morales par la dégradation proportionnée de ses titres au respect des peuples.

Est-ce donc à l'instant où il semble que les cabinets, ramenés aux principes d'une politique plus équitable, c'est-à-dire plus sage et plus sûre, vont enfin terminer, par une honorable trève, la guerre désastreuse qui, depuis trois ans, nous accable en pleine paix, est-ce alors qu'une main française aurait pu se lever contre l'homme qui, après avoir gémi sans doute d'être si long-tems le ministre des vengeances du monde, est devenu, par un bienfait de sa fortune autant que de la nôtre, le ministre d'une justice mêlée probablement de quelque repentir ?

Non, Mylord, vous n'avez pu le croire, et votre âme, que je veux supposer assez généreuse pour payer sans regret à ses anciens adversaires le tribut d'estime dont ils se sont montrés si bien dignes aux jours du revers comme aux jours de la prospérité, votre âme repoussera tous les soupçons adressés à notre gloire.

Vous savez bien que les passions de la bassesse n'ont pu armer le bras d'un Français ! non pas que je veuille ici contester vos trophées ; ah ! plutôt je permets que l'orgueil de l'Angleterre les aggrandisse, afin de mieux réhabiliter nos revers, et d'annoblir davantage nos espérances; mais où y a-t-il sous le soleil une grandeur dont nous puissions être jaloux? Où y a-t-il des lauriers dont se doivent affliger les nôtres?

Sans doute, une fois la victoire a quitté des drapeaux où l'Europe l'avait vue si long-temps attachée; mais le désastre de Waterloo se compose de tant d'élémens politiques, qu'à peine est-il permis d'imputer à la fortune des armes les résultats de la journée; et vous conviendrez que notre part de gloire est assez belle, puisque sur le champ de bataille du Mont-St-Jean, le génie militaire s'est à coup sûr montré tout entier dans un mot sublime dont l'avenir préférera la majesté à l'orgueil des plus beaux triomphes, un mot digne de servir d'épitaphe à la plus noble armée de la terre, un mot auguste dont les mânes de nos aïeux ont tressailli au fond de leurs tombeaux, dont nous transmettrons l'héritage à nos fils, pour qu'ils soient mieux qu'invincibles, qu'ils restent *inflétrissables* en lisant sur leurs étendards cette devise adoptée par les fils de Henri IV, parce que son âme y est passée tout entière : *Le Français meurt, et ne se rend pas.*

Ah! Mylord, il est trop cher à nos cœurs, ce beau cri de gloire, pour que nous ne fussions pas suffisamment dédommagés du revers, quand nous aurions oublié que les hommes des Thermopyles doivent laisser après eux les hommes de Marathon.

Mylord, l'intérêt de votre renommée exige que vous justifiiez la France devant les détracteurs qui dirigent sur elle leurs traits impurs. Quand ils prononceront devant vous les mots de *vengeance*, répondez-leur que si nous avions à exercer des représailles, nous ne nous armerions pas du bras d'un meurtrier. C'est face à face que nous voulons voir notre ennemi ; c'est en présence de l'Histoire, c'est prêts à paraître devant elle, avec bien des malheurs, mais avec non moins d'héroïsmes et d'exploits.

Nous laissons des peuples alors grossiers, des siècles encore barbares, pendre aux mâts des navires un amiral redoutable, ou brûler à petit feu quelque illustre adversaire, plus facile à assassiner qu'à vaincre.

Il est des modèles que la loyauté française n'imitera jamais. Loin de là, si une mort prématurée enlevait à l'Angleterre son *grand capitaine*, croyez-moi, Mylord, on nous verrait pleurer à vos funérailles, pleurer le malheur de n'avoir pas eu le temps de graver avec la pointe de notre glaive, d'autres noms à côté d'un nom qu'il nous serait trop cruel de laisser le burin de l'Histoire inscrire seul sur votre tombeau.

Vivez, Mylord, vivez, pour que si jamais la France est appelée par son Roi à courir encore les hasards de la guerre, la génération nouvelle puisse concevoir l'espérance de voir l'Annibal des temps modernes ailleurs qu'aux pieds du Capitole, et de demander un jour, dans les plaines de Zama, raison de l'injure reçue à Trasimène.

Aux peuples que la calomnie et la haine tenteront d'égarer, dites quel grand spectacle vous a, depuis trois ans, offert notre noble France! dites-leur comme nous avons respecté en vous la sauvegarde de la foi publique , tandis que, représentant nécessaire de toutes les hostilités, vous paraissiez seul et désarmé dans nos murs, où votre impuissance vous protégeait assez contre nos ressentimens; dites-leur si, à l'aspect des pompes qui vous environnent, nous avons jamais laissé, sur votre passage, transpirer le murmure de nos cœurs, si nous ne détournions pas la tête pour vous épargner jusqu'à l'aggression d'un regard accusateur, si le peuple qui partout ailleurs, aujourd'hui, poursuit le poignard à la main les voyageurs dont la présence rappelle des souvenirs hostiles, si le peuple n'a point, dans nos carrefours comme dans nos campagnes, gardé constamment devant vous ce silence d'une délicatesse généreuse, qui marquait à la fois et le sentiment indompté de la force nationale, et la résignation profonde des Français aux décrets de la circonspection royale.

Apprenez aux puissances combien la France s'est indignée de croire que vos jours auraient couru hasard sur cette terre de loyauté, où l'on a vu des antagonistes, dans nos guerres civiles, ne pas craindre, après le combat, de partager la même couche et dormir sans péril aux côtés de leur ennemi. Apprenez-leur que nous ne sommes pas plus dégénérés des vertus de nos pères que de leur héroïque vaillance, et recommandez à l'estime des potentats ce respect pour la foi jurée, d'autant plus saint peut-être que les exemples de scrupules politiques sont rares aujourd'hui, que le peuple le plus victorieux de la terre en offre le premier modèle, et que pourtant il serait, vous le savez, Mylord, permis a notre roi de dire, comme un de ses prédécesseurs : *Il fut plus facile de me tromper qu'il ne l'est de me faire la loi.*

Vous préserverez les cours étrangères de l'influence que pourraient exercer sur leurs délibérations augustes, les clameurs de ces pygmées politiques, dont l'attaque indiscrète finirait peut-être par réveiller l'Hercule de son repos sublime. Prouvez que la France, occupée de construire sur les bases de la légalité l'édifice de la monarchie nouvelle, n'aspire point à franchir des barrières qui suffiront à sa gloire, pourvu qu'il lui soit donné de les reconquérir. Prouvez que le système des conquêtes ne fut jamais dans nos principes, que nous admirons la résistance généreuse des Espagnes, que nous ne refusons pas nos hommages à l'insurrection patriotique de la Prusse, que nous accordons sans regret des louanges à tout ce qui présente des vertus, et notre amitié à tout ce qui n'outrage pas nos malheurs. La France ne veut pas la guerre, parce que la guerre conduit à l'anarchie par des révolutions ou au despotisme par des victoires ; elle abjure les haines nationales qui forçaient de bons esprits à ne voir que les *rêves d'un homme de bien* dans ce que la politique des potentats nous montrera sans doute bientôt comme les prophéties d'un sage. Il ne tient pas à nous que de toutes parts tombent les barrières qui, jusqu'à ce jour, isolant les membres divers de la famille européenne, plaçaient constamment la méfiance ou la guerre aux avant-postes des états, comme des sentinelles terribles, dont la consigne permanente semblait être d'interdire à la civilisation l'entrée de tous les empires qu'elle a graduellement embellis et pacifiés. Que l'Europe imite notre exemple : vous l'avez vu, Mylord, comme naguères, au moment où la tombe a ravi au trône des Brunswick les grandes espérances dont votre patrie s'était bercée, le peuple français s'est associé par son deuil public à vos douleurs nationales, et a noblement pleuré avec vous sur des vertus brillantes, jadis les heureux présages d'un avenir que nous regrettons autant que nos rivaux, parce que nous ne le redoutions pas.

Mylord, nous croyons que la Grande-Bretagne a su payer notre affliction de toute sa reconnaissance. Nous ne rendons pas vos concitoyens responsables des torts qu'un jeune orateur s'est tout à l'heure donnés à la tribune. La nation anglaise respecte la nôtre parce que nous nous sommes vus sur les champs de bataille, parce qu'étrangers long-tems à la gloire de la liberté, nous venons de la conquérir dans des discussions parlementaires qui nous justifient du reproche de n'avoir pas encore su nous faire des mœurs politiques. Le lord Stanhope peut nous haïr comme Pitt, dont il a été à même de sucer les principes dès le berceau ; mais si, au-lieu d'imiter en tout ce grand homme, il ne nous dénonce que ses inimitiés, sans vouloir du moins avouer son estime, alors ses attaques viendront se briser contre notre grandeur impérissable, comme les flots qui nous séparent expirent aux pieds de vos rescifs.

J'aime à penser que, dans sa modération, la France n'aura qu'à imiter la vôtre. Si vous pouviez croire qu'un Français ait eu soif de votre sang, vous ne vous offenserez point de compter un méprisable ennemi chez un peuple tout entier d'émules, médiateur généreux entre les inspirations de la haine et la crédulité des cabinets, vous interposerez la foi de votre parole, comme garantie de l'honneur français. Ainsi, toujours plus heureux que nous, favorisé par les chances de la paix autant que par la fortune de la guerre, vous remporterez cette fois une solide victoire, et votre triomphe ne sera pas contesté ; il sera double, car vous terrasserez vos ennemis en même tems que les nôtres ; vous détournerez les traits de la calomnie, qui, s'attachant à toutes les grandeurs, ne manqueraient pas aussi de vous atteindre. Empêchez que, prompte à pervertir l'opinion des peuples, elle ne qualifie l'attentat de *forfait punique ;* elle ne rappelle à propos les exemples de Pérulis et Octave ; elle ne mette habilement en parallèle une tentative du même genre, accompagnée des mêmes prodiges, dont l'Angleterre a gémi récemment, et qui força le pouvoir royal à obtenir de l'opinion parlementaire la suspension des libertés publiques. L'allusion perfide ne sera pas possible, parce que des évènemens, qui n'ont de semblable que les moyens et les circonstances, ne se ressembleront point par les résultats. Vous ne retirerez du crime d'autre avantage que la gloire de l'avoir dédaigné. Et les hauts alliés croiront la France trop punie de ce que, dans son sein, peut être conçu le projet d'un crime, puisqu'une occasion aura été toute livrée à leur généralissime, de montrer sa grandeur d'âme.

Je m'arrête, mylord : j'ai assez dit pour convaincre votre Grâce, et avec vous l'Europe. En déposant la plume, j'ai besoin, pour me consoler de l'avoir reprise, de me dire qu'elle n'a jamais tracé que des choses que ne désavouerait point mon épée..... Hélas ! j'ai flatté votre oreille du grand nom d'Annibal ! Pardonnez à mon orgueil ; que mes concitoyens me pardonnent si, en écrivant, un tel souvenir brise mon âme. De quelles armes je suis réduis à faire usage ! Et l'antagoniste du héros d'Outre-mer, Scipion, était à peu près aussi jeune que moi.

Je suis, autant que peut l'être un officier français digne de sa patrie,

De votre Grâce,

Milord,

Le très-humble et très obéissant serviteur,

NARCISSE-ACHILLE DE SALVANDY.

Imprimerie de POULET, quai des Augustins, n°. 9.

292